這個國家達到一種既矛盾又難以解釋的狀況：偉大的市郊發展。

——布魯克斯（David Brooks），《亞特蘭大月刊》（*The Atlantic*），二〇〇二

我已經改變了我對市郊的觀點。我在上一本書中相當支持都市與市郊的蔓延發展，但現在，我對此存疑。我現在認為和他人的接觸愈多愈好。

——布魯克斯，《紐約雜誌》，二〇一〇

4

通往地獄的公路——

# 亞利桑那州．鳳凰城

美國最偉大的建築師所想像的未來，應當比現在的這種景象好上許多。

來到二十一世紀的此刻，我們理當住在散布於鄉間的平頂房屋，每棟房屋都附有自己的車庫與一英畝的耕地。我們在週日上午應當搭乘自家的直升機飛到農夫市集販售多餘的南瓜與洋梨。至於平日的交通，則是駕駛魚形的三輪道路機器，以一百五十英里的時速在多層交疊的景觀公路上奔馳，前往花園學校、工廠與免下車教堂。昔日那種骯髒擁擠的市中心將不復存在：未來的城市一方面無所不在，另一方面也彷彿完全不存在，即便是居民多達一萬人的大型都市中心，也和諧地融入青翠的田野和森林之中。

亞利桑那州有一片山坡能讓人一覽當今的鳳凰城樣貌，讓人見識建築師萊特（Frank Lloyd Wright）心目中的未來城市成了什麼模樣。在索諾蘭沙漠（Sonoran Desert）的乾涸河床與條條鞭蛇之間，矗立著一座烏托邦社區的建築物。這座社區原本的意圖是要掀起一場改變美國人居住方式的革命。一九三七年，萊特在沙漠中創建了這座稱為西塔里埃森（Taliesin West）的社區，做為他的冬季別墅兼學校。直到今日，這裡仍住著一群年紀已大的忠實信徒，捍衛著這位建築大師的粗石牆壁、夾板高背椅與迴圈型的空間設計，以免遭到沙漠天候與後代子孫的破壞。當初萊特就是住在這座社區的「大屋」裡，在露台上午睡時想出了「廣畝城市」（Broadacre City）——希望藉此矯正大都市過度集中而導致人行道上滿是人潮的問題。這種新式的分散都市若想成功，關鍵就在私人汽車的普及。

萊特在《消失的城市》（*The Disappearing City*）裡寫道：「廣畝城市的新式空間標準乃是就汽車而言，不是指步行，也不是指騎馬。」未來的美國人將開車前往汽車旅館、附設超市的加油站，以及設有免下車臨櫃窗口的銀行。至於廣畝城市的經濟與行政運作，萊特則是語焉不詳。不過，從萊特的追隨者所建構的木造模型，能明確看出像西塔里埃森這樣的社區占據了當地最高的位置，能居高臨下地望見工作人口的區域。這不令人意外，這樣的社區將是郡建築師的總部；美國民眾的住宅應該有什麼樣的形狀與外貌，都必須由這個揮舞著丁字尺與自動鉛筆的人物決定。一九四三年，萊特寄出一份請願書，敦促羅斯福政府採行廣畝城市的原則。這份請願書共有六十四人簽署支持，其中包括愛因斯坦、後來當上美國副總統的尼爾森·洛克斐勒（Nelson Rockefeller）以及紐約的大建設家摩希斯。

不過，在萊特可以建造他理想中的城市之前，舊式的城市卻先絆住了他。沙漠裡矗立著一棵棵長著彎曲手臂的巨型仙人掌，彷彿一個個垂頭喪氣的衛兵，要求來人表明身分的質問從來不曾有人理會；而在那些仙人掌後方，斯科茨代爾（Scottsdale）沿著南北方向蔓延了四十英里，其中的獨棟房屋住宅區不著痕跡地融入鳳凰城的市郊當中。在六線道的謝亞大道兩側，無止境的農場與馬廄的褐紅色屋頂覆蓋在紅褐色的土地上。這片單調色彩當中唯一的變化，就是淡藍色的游泳池，以及隨時都有自動噴灑器灑著水、草坪綠得不太自然的高爾夫球場。當初西塔里埃森南側邊緣矗立起一座座的巨大電塔，曾經惹得萊特氣憤不已，威脅要拆掉這整座社區。

在我造訪當天，接待我的康妮——她是個移居此地的紐約人，每天負責帶領訪客參觀西塔里埃森的草圖畫室與美國風住宅——首先為自己的疲態向我道歉：她住在距離這裡九十二英里的馬里科帕（Maricopa），在尖峰時刻的交通中通勤至此實在讓人精疲力竭。當天上午，我在前往西塔里埃森的途中，在一座加油站買了一份墨西哥捲餅當早餐，到一部免下車提款機領了錢，並在一家星巴克的免下車服務窗口外帶一杯瑪琪朵。沙漠上的天空沒有直升機——只有F16戰機在路克空軍基地（Luke Air Force Base）上空留下的凝結尾雲——但水平散布的鳳凰城地區卻遭到快速道路的交錯分割：這座以汽車為基礎的二十一世紀城市沒有所謂的「市中心」，它雖然無所不在地環繞在我們四周，卻又似乎看不見究竟在哪裡。儘管這座城市與萊特的想像相差極遠，卻仍可算是一種廣畝城市，而且看起來就和西塔里埃森周圍的這片蔓延型都市相當類似。

鳳凰城是我的夢魘，與我理想中的城市完全相反。我的少年時期在卡加利（Calgary）度過，那是加拿大草原上一座同樣郊區化的城市。我已經開車見識過許多美國大城的郊區，深知蔓延型都市中那些無窮無盡、一再重複出現的沃爾瑪賣場、殼牌加油站與家得寶商場，足以讓人自覺彷彿被困在幻覺藝術之父艾薛爾（M.C. Escher）設計的高速公路上，完全沒有上下匝道，簡直擺明了折磨人。不過，即便是在亞特蘭大、休士頓與邁阿密這類典型的蔓延型都市中，市郊終究還是有其盡頭，接著你便進入了舊市中心。我之所以來到鳳凰城，是因為這裡是個特殊案例，是一座沒有中心的城市，幾乎完全建於汽車出現之後。而且，在我開始尋求正面案例之前，我想我得先看看一座一無是處的城市究竟是什麼模樣。

純粹就面積而言，低密度且仰賴汽車的市郊區域已然成為北美大陸的主要建築環境。然而，一般人對市郊的認知其實幾乎全都錯誤。市郊不純粹是建商因應消費者需求的產物，也不是千百萬勞工階級與中產階級家庭主動選擇逃離城市所造成的結果。市郊甚至也不再是當今大多數美國民眾偏好的居住環境。然而，在大量的過度興建之下，廣畝城市——或者該說是橫跨郡界的都會地區——因此成為許多人唯一負擔得起的居住區。這實在是一項不幸的發展，因為仰賴汽車的市郊無法永續的性格不但明顯可見，也已面臨走下坡的命運——而且衰頹的速度非常快。

## 蔓延型都市的擁護者

有一群聲勢頗大的評論家，認為蔓延型都市是人類聚落的自然型態，而且三車單戶住宅的前景一片光明。

我決定拜訪克特金（Joel Kotkin）——他恐怕稱得上是美國最著名的市郊辯護者。這位替《華爾街日報》與《華盛頓郵報》撰寫社論的多產作家，認為美國的成長將持續在市郊間出現，而且認為像鳳凰城這種以汽車為基礎的城市是未來的模範。

克特金反對聯邦政府將資金投注在軌道大眾運輸上，因為這種運輸建設「對市郊居民幾無裨益」。他認為蔓延型都市是自由市場運作的結果。克特金寫道：「市郊之所以擴張，是因為大眾喜歡市郊。」在克特金的眼中，以柵欄圍牆與外界隔離的社區絕不是對公共領域的威脅，而純粹只是「反映眾人的渴望，因為一般人都渴望住在有安全感而且對人際互動有一定程度控制力的社區」。他譏嘲英國人，指稱英國人的住宅平均只有八百五十平方英尺（譯注：約二十四坪），簡直是「哈比人住宅」。儘管他承認絕大部分的美國人口成長將來自於增加迅速的拉丁裔人口與外來移民，卻將愛達荷州博伊西（Boise）、南達科他州蘇瀑市（Sioux Falls）與北達科他州法戈（Fargo）等小城視為美國本土的成長原型（但沒有指出這些城市都有百分之九十以上的白人人口）。克特金在最新的著作《下個一億》（*The Next Hundred Million*）裡預測：「大部分的都市成長將不會遵循紐約或芝加哥那種較古老的模式，而會採取洛杉磯、休士頓或鳳凰城的方式。」

在出發前往鳳凰城之前，我到克特金位在谷村（Valley Village）的家中拜訪他。谷村是一座單戶住宅的鄰里，位於洛杉磯聖費爾南多谷南部。現年五十幾歲的克特金身材矮胖，脖子很短，肩膀寬大，帶著一副好鬥姿態。我見到他時，他穿著短褲和已褪色的運動衫，似笑非笑的神情中顯然對我頗具戒心。我們在他後院的一棵懸鈴樹下坐下，院子裡滿是他兩個小學年紀女兒的塑膠玩具。他在那裡向我提出支持市郊的理由。

「住在單戶住宅裡的渴望可說是一種普遍的現象，」克特金指出：「美國在未來四十年間將會增加一億人口，而且外來移民只要有機會，絕大多數都想住在市郊。高密度主要吸引的對象是有錢人、年輕人以及沒有小孩的人。我是說，菁英階級都愛幻想住在市中心，可是除了金字塔頂端的有錢人和故作高雅的人士之外，很少會有人想帶著小孩住在人口稠密的地方。」

身為能源樂觀主義者，克特金在《下個一億》裡預言，一種目前尚未出現的科技將可避免「石油頂峰」這項「預測已久的能源災難」。我問他能源價格上漲對於蔓延型都市會造成什麼影響，他冷冷一笑：「我的年紀比你大一點，早就看過這齣戲了。這種話已經說了三十五年，就像氣候變遷一樣。十年前，誰想得到我們會找到這麼多天然氣？我們擁有龐大的能源，而且能源效率也有很大的改進空間。」不過，我接著指出汽車使用生質燃料和頁岩油田生產的石化燃料幾乎可確定必然會導致碳排放嚴重增加，他卻威脅要就此結束我的訪問。「聽好，你要是早就有先入為主的立場，就不該來找我。別浪費我的時間。」

我不想和他針鋒相對，於是問他對市郊的未來有什麼看法，而他也顯然比較熱衷這項議題。克特金認為，最有希望的做法在於綠化市郊地區，造就他所謂的「智慧型都市蔓延」，從既有的市郊住宅區當中畫出有如聚落般的中心。投資興建更好的大眾運輸並無必要，因為未來的汽車會更節省燃料，遠距上班也會愈來愈普及。他反對政府干預，認為民眾必須說服建商在市郊住宅區當中建構更融貫的社區生活，方法是堅持要求興建公園、單車道與人行道。「我認為遠距上班以及將市郊重新建構成較為自給自足的聚落，是我們應當追求的方向。」

換句話說，所有人都應當過著像克特金一樣的生活。由於他在家工作，也就省卻了每日通勤的舟車勞頓。然而，在《下個一億》裡，他指稱美國若想維持競爭力以及降低龐大的工業赤字，唯一方法就是振興製造業。但是，除非美國賴以振興製造業的勞動力都在自家車庫內組裝小東西，否則他們還是得想辦法前往工作地點——而且我猜應該還是得仰賴實體上的通勤方式，不論是開車還是搭乘大眾運輸。遠距工作對於「故作高雅的人士」也許可行，卻無法讓員工準時抵達工廠或辦公大樓。況且，至今也看不到任何跡象顯示在家工作有蔚為主流的趨勢：雖然二〇一〇年的人口普查資料尚未公布，但上下班通勤的里程數與時間卻在二〇〇〇年增加到了三十二英里以及五十一分鐘——比一九八〇年還多出八分鐘。

克特金一再指出，美國現今有稍過半數的人口都居住在市郊。然而，根據佩尤研究中心（Pew Research Center）在二〇〇九年的調查，只有四分之一的美國人口認為市郊是他們心目中理想的社區形式。明顯過半的大多數人都指稱自己寧可住在小鎮或鄉下；其他人則指稱自己最想住在城市裡。換句話說，市郊雖是大多數人居住的地區，卻不一定是他們想住的地方。可惜的是，小鎮如今已不再有多少工作機會；人口數未達五萬的地方，在過去數十年來居民數皆持續不斷地流失。於是，城市也因此愈來愈成為備受歡迎且務實的選擇。根據《華爾街日報》報導，人數已超越嬰兒潮世代的千禧世代竟有高達百分之八十八都指稱自己最想住在城市裡。

就在克特金推出新書之際，新聞也正報導一種新現象：貧窮人口的市郊化。自從經濟衰退後，人口移入美國南部各州的情形已然停滯，紐約州、紐澤西州與麻州的居民則是不再外流。現在，市郊地區的失業率比城市裡高出一倍，而自然資源保護委員會（Natural Resources Defense Council）針對芝加哥、傑克遜維爾（Jacksonville）與舊金山的四萬筆房貸所做的研究發現，在最仰賴汽車的鄰里當中，房貸斷頭的比率也最高。

十年前，克特金曾是都市化的捍衛者：他在《新地理》（*The New Geography*）一書中記述了都市復興的現象，將重新注入活力的美國城市比擬為文藝復興時期的威尼斯以及十七世紀的阿姆斯特丹。後來有什麼變化？其中一項變化是，來自紐約的克特金如今住在美國西岸的單戶住宅社區內，也就是門牌號碼印在人行道鑲邊石上的那種地方。然而，谷村可不是典型的美國市郊。

「我想我是住在都市地區裡的單戶住宅，」克特金送我出門時坦承：「我可以走到兩個街區外的快捷公車處，我家距離地鐵也只有五分鐘的路程。我經常騎著腳踏車到處跑，甚至到市中心也一樣。我們還可以走路到餐廳。」在克特金筆下熱切宣揚的那種蔓延型市郊裡，這些事情居民都沒辦法做。克特金的住宅是一幢占地龐大的農場式平房，建於一九三七年，位於街角。在這幢房屋剛建好的時候，黃色列車仍然在附近的錢德勒大道上行駛，建商也仍透過在開發案中納入公園與人行道，表示對社區生活的重視。實際上，谷村原是一座典型的電車市郊，是當年那個時代的大眾運輸導向開發案。我走出門外之後，沿著克特金住宅邊的人行道往前走，但人行道只持續到標示著他家地界的樹籬為止。

他那個街區上較屬於戰後興建的典型廉價房屋的其他住宅，則是完全沒有人行道。克特金的住宅正位於新舊不同的兩種社區型態的交界點——一邊是昔日那種設有人行道與門廊、注重鄰居互動的都市化發展；另一邊則是後來以車道與車庫為主、人際互動冷漠的市郊住宅區。站在他家的前門，我意識到有些人還是能保有以往的幻覺，認為美國式市郊仍是最美好的生活環境。

## 沒落凋零

在十號州際公路上駕車朝東行駛，遠在你看見鳳凰城之前，你就能聽見那裡的聲音，這聲音也就是調幅廣播上的播音員喋喋不休的話語，猶如消化不良的人不停埋怨訴苦。極右派名嘴貝克（Glenn Beck）除了猛烈抨擊歐巴馬總統的「歐氏健保法」之外，也鼓勵聽眾購買金條，以預防「紙鈔經濟」即將到臨的大崩壞。在《「差點出名的」巴里．楊恩秀》（*Barry "Barely Famous" Young Show*）節目裡，一個首次叩應的長期聽眾指出，美國不該再光說不練，而應當直接把伊朗夷為平地。林鮑（Rush Limbaugh）談起一座清真寺談得正興起，不但激動得嘴角冒泡，還因為氣急敗壞而口齒不清，聽起來就像卡通裡的「大壞貓」一樣。

不過，你畢竟還是會在不久後看見鳳凰城。過了石英址（Quartzsite）與仙人掌城（Cactus City）之後，鳳凰城已近的徵象就會開始出現：半拖車停放在鐵絲網圍籬對面，車身上漆著土地買賣廣告，聲稱買家能以划算的價格在亞利桑那州購得一千兩百英畝的貧瘠土地。就在你正納悶有誰會笨到在這麼偏遠的地方購置土地時，第一塊幽魂般的市郊住宅區便在這時出現——一片看不見人行道鑲邊石的街道交織而成的路網，鑲嵌在乾涸的河床上，一棟棟的米色平房座落在一英畝大小的土地上，稀疏地散布著。大鳳凰城地區始於北三一一大道（North 311th Avenue）與西麥金利街（West McKinley Street）的交叉口，一路延伸到往東七十五英里處那座名稱引人遐想的「迷信」山脈（Superstition）。在那裡，不停蔓延的市郊才終於被高高聳立的山峰擋住。

鳳凰城在第二次世界大戰前夕，人口數僅有六萬五千，不過是個火車在駛往加州途中暫停加水的小鎮而已。其小之又小的市中心區是周圍那些農業社區的農產交易及政府服務中心，居民甚至比伊利諾州典型的迷你小鎮皮奧利亞（Peoria）還少。每逢冬天，罹患肺病的美國東岸居民就會來到這座爵士樂時代的房地產業者宣稱的「太陽谷」，在度假區或觀光農場過冬。不過，由於這裡的夏季溫度經常高達攝氏五十度，因此即便是萊特與他的追隨者，也曉得只要時間一到五月，就該離開此地了。

鳳凰城的成長消耗了大量的電力與石油。胡佛水壩在一九三五年開始為美國西南部供應水力發電的電力，時稱「沼澤地冷風機」（swamp cooler）的原始冷氣機也剛開始出現在窗台上。都市蔓延的大爆發發生在一九五〇年代末期，當時鳳凰城第一條由聯邦政府出資興建的高速公路開始動工，美國國稅局也允許屋主在房貸中納入裝設中央空調所需的費用。（一間三房住宅現在的夏日冷氣費用經常可高達一個月五百美元。）在一九五九年當年，鳳凰城興建的房屋就比第二次世界大戰結束前的三十年間興建的總房屋數還多。即便到了一九四〇年，鳳凰城也還是一座步行城市，面積僅有十七平方英里，而且還設有一套規模不大但備受喜愛的電車路網。經過半個世紀的高速公路建設以及城市的大幅成長之後，鳳凰城已成為美國人口數排名第六的城市。鳳凰城的都會區包括斯科茨代爾、坦佩（Tempe）與梅薩（Mesa），人口達四百三十萬，面積為一萬七千平方英里——比瑞士全境還大。

鳳凰城是一種新式的大都會。紐約隨著高架鐵路與地鐵而擴張，洛杉磯隨著電車與市際電車增大，而鳳凰城則是完全跟著高速公路與汽車而擴展。如果把健康的城市比喻為鱷梨，內部有一顆由商業與文化構成的厚實果核，那麼鳳凰城就像是洋蔥：剝掉一層層的市郊外皮之後，你會發現中央一無所有——只有一座造價過高的體育場、幾家汽車展售中心以及幾棟空蕩蕩的辦公大樓。鳳凰城只有「郊」，沒有「市」。

「典型的蔓延型都市必須有個所有人都會開車前往的中心商業區，」亞利桑那州立大學房地產研究系主任巴特勒（Jay Butler）告訴我：「鳳凰城市中心雖然位在中央，卻從來就不是所有活動的聚集地。摩托羅拉在五〇年代挑上東谷地區（East Valley）設立據點。美國數一數二大的雇主企業英特爾位於錢德勒。另一大就業中心則是在斯科茨代爾航空園區（Scottsdale Airpark）。這個地區的購物商場分散各地，政府機構也一樣。」上班路程的起點可以是區域內一百九十萬戶家宅的任何一戶，終點則可能是數千座辦公園區和購物中心的任何一處。這倒不是說這裡的工作機會有多豐富：由於鳳凰城缺乏健全的本地經濟，因此大部分的就業機會都是組裝廠或電話客服中心的低薪工作。「基本上，鳳凰城是一座生產城鎮，」巴特勒說：「各公司在這裡都設有營運處所，但沒有企業總部。」

如同許多美國南部城市，鳳凰城的經濟也只有在市郊住宅區持續擴張的情況下才能保繁榮興盛。以來自南加州為主的建商，興建了許多預先規劃的開發案，諸如麥考密克牧場

（McCormick Ranch）、太陽城（Sun City）與雷克斯（The Lakes）。只要新進移入的居民繼續將他們在寒冷地區攢聚的積蓄投入這片沙漠地，鳳凰城的經濟就還能貌似「還不錯」。在二○○二至○○六年間，全美私人企業的成長有百分之二十都來自房地產與營建業。鳳凰城的「房市過熱」現象在這段時期正臻於高峰，該市的成長更有百分之三十六源自房地產與營建業。自從二○○八年經濟衰退以來，營建業的員工數已然減半，現在鳳凰城的商業地產有四分之一都是一片荒蕪。太陽谷的居住供給嚴重超出需求，人口成長直到本世紀中葉才趕得上現有的單戶住宅數目。

當然，前提是人口必須持續成長。「房貸斷頭的案件每個月大概有四、五千件，」巴特勒告訴我：「在受衝擊最嚴重的地方，例如馬利維爾（Maryville）和埃爾密拉吉（El Mirage），大約百分之十的住宅全陷入房貸斷頭的情況。」我造訪當地的時間是在二○一○年春季，巴特勒估計當時鳳凰城地區至少有五萬間住宅是空屋。（一年後，這個數字又增加了一倍。）「第一波房貸斷頭潮是因為投資新手買房買得太貴，而且房子又租不出去。第二波是那些涉入次級房貸的人。現在，則是典型的房貸斷頭案例：民眾因為失業，因為客戶流失，於是再也負擔不起高檔住宅的房貸。現在最新的熱門詞語是『策略性違約』。即便是負擔得起每月房貸支出的人，也看到了自己住處周圍的房價崩跌現象，眼見空屋率直線上升，他們於是乾脆不再償還房貸。」鳳凰城是首座房價從顛峰跌落、攔腰斬半的大城市。巴特勒說，在巴克艾（Buckeye）這類偏遠的市郊地區，面積一千七百平方英尺的新建住宅只需不到四萬美元就能買到。

在這麼一座以汽車為基礎的大都市當中，一旦有三分之二的房貸都斷頭，結果會如何？整座城市會開始陷入一種詭譎的狀態，而且速度極快。我駕車行駛在鳳凰城的高速公路上，廣播中的新聞一再報導發生在出口匝道與車道盡頭的各種事件。警方在錢德勒逮捕了一名屋主，因為他在房貸斷頭後，趁銀行還沒接收房屋之前，在天花板上挖了一個洞，以便將冷氣、花崗岩桌面與燈具搬走。鳳凰城一名男子自殺失敗後，在他們房貸斷頭的家裡，伴著倒在廚房地板上的妻子屍體住了四天。調幅電台 AM-550 報導指出，一家打著口號「綠死人不償命的草坪！」的「草皮染色企業」公司，提供染綠房貸斷頭住宅草坪的服務，藉此避免那些空屋遭人闖入。吉爾伯特市（Gilbert）因為房地稅短缺，宣布將裁減六十七名警員，而許多空置的農場式住宅則被當成安非他命的製造廠。在馬里科帕，又有一家銀行遭搶；向來被稱為美國綁票之都的鳳凰城，現在已迅速成為「邋遢安妮搶匪」與「爛髮型大盜」等連續銀行搶匪的犯案首選地點。

我開車穿越另一座荒蕪的市郊住宅區，裡面滿是遭人棄置的假豪宅。我在這裡的路上唯一見到的另一部車是囚車，車上載滿身穿黑白條紋囚衣的罪犯。廣播裡，播音員口氣嚴肅地呼籲民眾切勿闖入棄置住宅，若是發現可疑活動，也要立刻報警。

在我耳中聽來，這儼然是市郊美夢化為夢魘的聲音。

## 從花園城市淪為市郊貧民窟

這些仰賴汽車、抗拒大眾運輸的市郊地區究竟從何而來？請容我簡要介紹一下都市蔓延的發展史。

自從美國開國元勳的時代以來，新大陸上的美妙生活應當採取何種地理型態，就一直是備受爭論的議題。在傑佛遜眼中，大城市「對人的道德、健康與自由都非常有害」。對農業懷有浪漫想像的他，希望建構一座由公民農民組成的田園共和國——儘管他自己卻是仿照巴黎市中心的華麗宅邸裝修住居。美國第一任財政部長漢彌爾頓（Alexander Hamilton）比較務實，他想像中的美國充滿了「數目漸增的繁榮市鎮」，裡面滿是勤奮的商人與工匠。歷史雖然顯示城市是推動商業、藝術與文明的引擎，但美國既然在格蘭德河（Rio Grande）與北方邊界之間擁有五億英畝的可耕地，足以供每位公民圈下一大片土地，建造一座小型城堡，又何必讓所有人擠在沿岸地區，呆呆地跟著歐洲的都市化道路走呢？

從一開始，美國式的市郊就企圖融合兩種不同環境的最佳優點。在歐洲，上層階級向來得以一邊在奢華宅邸中享受城市的繁華熱鬧，另一邊又同時在他們的別墅、鄉間住宅與避暑別莊享受鄉下的恬然平靜。前工業化城市的市郊通常位於石牆外，一般都聚集了屠宰場、製革廠、磚窯、妓院以及其他各種不受市區歡迎的機構。肯尼斯・傑克遜（Kenneth

Jackson）的《馬塘草邊疆》（*Crabgrass Frontier*）是探討美國市郊化發展的決定性著作，他寫道：「就連『市郊』一詞，也帶有品行低劣、視野狹窄以及邋遢髒亂的含意。」市郊後來得以去污名化，是因為新的運輸科技讓人能住在昔日的城市步行範圍之外，再通勤到市中心的工作地點。英裔美國人建立的市郊，其起源可追溯到倫敦以南五英里處的克萊彭（Clapham）。一七九〇年代，福音派基督徒一心想擺脫邪惡墮落的倫敦市，於是開始遷居至他們先前作為週末別墅之用的房屋，靠著私人馬車通勤往返市區。傑克遜認為美國的市郊發展可追溯至一八一五年，當時航向曼哈頓的定時蒸汽渡輪服務促使布魯克林高地成為美國第一座貨真價實的通勤市郊。

美國市郊一．〇版源自菁英人士的構想——早期的進步分子、改革家以及其他理想主義者都為自己的同胞夢想著更好的未來。紐澤西的盧埃林公園（Llewellyn Park）是一座綠意盎然、道路迂迴彎曲的住宅區，一般皆認為這裡是第一座美麗如畫的市郊。而打造這座住宅區的正是完全成聖派的信徒，這個教派鼓吹遠離罪惡生活，藉此促使基督的千禧年王國降臨世間。同樣採取彎曲式的街道規劃，位於芝加哥大迴圈區以西的河畔區，則是出自紐約中央公園設計者奧姆斯德與沃克斯（Calvert Vaux）之手，這是他們規劃的十六座市郊的其中一座。這些首波出現的市郊地區，從市中心搭乘通勤列車只需一小段距離即可抵達，不但是由富人所建，也是為了富人而建：在第一次世界大戰之前，幾乎還沒有房貸這種東西，也就是說，只有富裕的家庭才買得起房子。愛迪生的實驗室所在的盧埃林公園，正是典型的柵欄社區，其中的豪宅矗立在三英畝的土地上，搭乘馬車行駛兩英里即可抵達火車站。直到今天，西奧蘭治（West Orange）周圍那些無尾巷的人員出入，仍受一座石砌警衛室內的警衛管制。

就全球而言，影響戰前市郊發展最劇的人物，就是通曉世界語的改革家霍華德（Ebenezer Howard）。霍華德是倫敦一名商店老闆的兒子，在二十一歲那年初抵美國，打算在農耕上闖出一番事業。後來，他在南北戰爭後生氣蓬勃的芝加哥擔任法院書記——在摩天大樓出現之前，芝加哥原本有「花園城市」之稱——結果想出一種規劃方式，可讓「城鎮與鄉下互相結合，而在這種美好的融合下產生出新希望、新生命、新文明」。他在一九〇二年出版了《明日的花園城市》（*Garden Cities of To-morrow*），書中提出的烏托邦式規劃著重將勞動階級家戶移出工業中心外，方法是建立自給自足的三萬兩千人城市，周圍環繞著社區共有的綠帶，並由快捷鐵路與姐妹城市相連。一年後，倫敦外圍的列曲沃斯花園城市（Letchworth Garden City）於焉誕生，隨後又緊接著冒出韋林（Welwyn）與漢普斯特花園郊區（Hampstead Garden Suburb）。在美國，皇后區的森林小丘（Forest Hills）、波士頓的伍德博恩（Woodbourne）、匹茲堡的查塔姆村（Chatham Village）以及其他數十座城市的住宅區，都是受到霍華德的原則所啟發的結果。

儘管阿根廷、澳洲、德國與日本也都興建了各自的花園城市，但建商卻幾乎老是搞錯重點。霍華德是個民主社會主義者，希望將平民大眾從擁擠的廉價公寓遷移到較有綠意但依然相對密集的城市，讓勞工能住在步行即可抵達工廠與工作坊的地方。然而，實際上出現的卻是花園市郊——一片片的住宅區，有著紛亂交錯的街道與圓形的公園，但附近毫無就業處所。在我蒙特婁住家不遠處的皇家山鎮（Town of Mount-Royal），就是一個典型的例子：那座市鎮以樹籬和鐵絲網柵欄與隔鄰的低收入鄰里區相隔開，其中的街道通往一座未受充分使用的通勤列車站，列車連接市中心的辦公大樓，也就是就業機會的所在。如同大多數版本的花園城市，皇家山鎮也是一片低密度的上層中產階級市郊飛地，幾乎所有人都開車上班。此外，如同我在英國乃至日本所見到的所有花園市郊，那裡也是一副死氣沉沉的模樣，缺乏街頭熱鬧人潮的基本要素。

這類預先規劃的社區不是常態，而是例外。在高速公路出現之前建造的市郊，經常由興建在棋盤式路網上的小房屋構成，而且緊鄰市中心。近年來，這些地區已經成為非常熱門的都市住宅區。克里夫蘭的沙克崗（Shaker Heights）、柏克萊的艾胥比車站（Ashby Station）以及波士頓的洛斯貝里（Roxbury），都是典型的街車市郊，活潑地混雜了各式建築，包括連棟房屋、前有門廊的密集平房以及小商店，這些全都位在過往有電車行駛、而步行即可抵達的主要動脈範圍內。

美國市郊二．〇版則是完全另一回事。第二次世界大戰後，由於住宅短缺，迫使六百萬戶美國家庭共享住處，所有提升平民生活水準的矯飾於是就此消失。美國民眾需要新的住宅，而且速度要快。當時強調的是利用裝配線的做法儘快在城市邊緣興建大批廉價住宅。前美國海軍工程營隊成員利用他們的戰時專業，在長島上的利未城大量建造四房鱘角式房屋，[1]有著石板牆、柏油地板與夾板牆角，十五分鐘即可蓋好一棟。（這種房屋的平均面積為七百五十平方英尺，比克特金鄙夷為「哈比人住宅」的英國房屋還小。）在洛杉磯以南的湖木市（Lakewood），建商靠著類似方法，一天即可造出五十棟預先組裝的輕型木構架房屋。這些以汽車為基礎的新式住宅區，密度只有舊式電車市郊的一半，而且完全不顧當地原有的建築風格，埃德蒙頓（Edmonton）的外圍冒出改進式殖民風格建築，查爾斯頓（Charleston）的邊緣則散布著錯層式房屋。湧向這些新住宅區的人口規模極為驚人。到了一九五四年，美國已有九百萬人遷居到都市邊緣，市郊成長率是市中心的十倍。

在一般人的認知裡，美國一整個厭煩戰爭的世代主動逃離了昔日的都市中心，前往新建高速公路盡頭的歡樂聚落，追求整理草坪、在庭院裡烤肉啜飲馬丁尼的愜意生活。肯尼斯·傑克遜寫道：「一般的迷思認為，戰後大量出現的市郊，是消費者依其偏好在開放環境中自由選擇的結果。事實上……大多數的戰後家庭在居住上根本沒有選擇自由。由於公共政策偏好市郊，因此在經濟上也就只有這種選項可行。」

美國聯邦政府為了確保市郊能成功發展，不但拿出胡蘿蔔，也祭出棍子。向家戶提供購屋補助的胡蘿蔔，確實形成了無可抗拒的吸引力。政府靠著允許房貸利息扣抵所得稅，賦予民眾強烈的購屋動機。美國民眾的儲蓄率在戰時比起戰前及戰後皆高出三倍：這些積蓄加上先前受到抑制的購屋需求，促成了史無前例的購屋率飆升。一九四九年，利未城一棟兩房、附有壁爐與洗衣機的鱈角式房屋，只要七千九百九十美元即可買到。在《美國軍人權利法案》的規定下，退伍軍人甚至可享有零頭款購屋的福利。傑克遜指出：「如此一來，便造成了租不如買的現象。」

華府祭出的棍子則是以城市為威嚇對象。在市郊興起同時，低收入的市中心居住區也正逐漸淪為銀行的拒絕往來戶。研究發現，聯邦住宅管理局於一九三四年繪製的地圖，以紅筆圈出非裔美國人、亞裔與猶太裔人口聚居的鄰里，表示這些都市區域的房貸不會受到保障。就在數以百萬的鄉下黑人湧入底特律、芝加哥、洛杉磯及其他大城市的同時，他們卻被一項簡單的措施剝奪了購屋機會：因為銀行拒絕貸款給他們。由於遭到拒絕往來的區域沒有錢可改善房產，都市居民於是眼睜睜看著自己原本穩固的鄰里逐漸陷入「荒蕪」，進一步促使他們遷往利未城這類全是白人居民的市郊住宅區。

都市遭到遺棄的現象絕非不可避免。在歐洲，政府因應戰後住宅短缺的方法是興建公共住宅，大多距離市中心不遠，只需搭乘短程大眾運輸即可抵達。公共住宅在戰後三十年已占法國房市逾三分之一，在英國更是將近一半。在美國，這個比例只有百分之一，而且實際上建造的公共住宅經常極為鄙陋——包括聖路易犯罪猖獗的普魯特伊戈（Pruitt-Igoe）以及芝加哥惡名昭彰的卡布里尼格林（Cabrini-Green）這兩座住宅區——以致短短幾十年後就遭到炸毀拆除。

土地使用分區這個破壞傳統都市發展的另一大工具，則是確保了民眾得從住宅區駕車行駛很長一段距離才能抵達商業區。俄亥俄州的歐幾里得村（Euclid）為了避免自己的傳統住宅區遭到鄰近的克里夫蘭工業區入侵，制定了分區規範，結果最高法院在一九二六年判定此一規範並不違憲。日後被稱為「歐幾里得分區」的這種分區管制，將用作居住、商業及工業用途的土地各自劃分開來。傑克遜指出：「土地使用分區的目的，在於將窮人與令人嫌惡的工業排除在富裕住宅區之外。不久之後，市郊地區也利用這個手段打擊市中心。」這類法令確保新設立的市郊地區不會有多戶公寓及小商店；在美國南方，這類法令則是用在落實種族隔離。由於歐幾里得分區確保了住宅區和工作處所及購物中心相距遙遠，因此也促使擁有車輛成為市郊生活的必要條件。

到了一九九〇年代，美國市郊三．〇版這種新現象已開始明顯出現。加羅（Joel Garreau）在一九九一年寫道：「我們已將我們創造財富的手段、都市化的本質——也就是我們的工作——遷移到過去兩個世代以來大多數人居住及購物的地方。這樣的發展造成了邊緣城市興起。」加羅在《邊緣城市》（*Edge City*）裡列出兩百座美國的邊緣城市，包括維吉尼亞州的泰森角（Tyson's Corner）、加州的矽谷、紐澤西的都會公園（Metropark）以及橘郡這座典型的無中心城市。他發現，要辨識這些典型的蔓延型都市，唯一確定的方法就是找出面積五百萬平方英尺以上的出租辦公空間，而這類空間通常以高速公路路段或鄰近的購物商場命名。這類空間有許多都可見於新的城市遠郊，亦即稅金低廉的半鄉間地區。到了一九八〇年代中期，市郊地區的製造業就業人口已是市中心的兩倍。由於邊緣城市出現，典型的通勤路程不再是從市郊前往市中心的摩天大樓，而是前往兩條高速公路交會處、位在不久之前還是農地的辦公園區。加羅發現，若要預測辦公園區座落的地點，最重要的因素通常是企業執行長的鄉村俱樂部的所在地。

《邊緣城市》充斥著九〇年代崇尚科技的文字，在今天看來顯得頗為滑稽。「所有的石油化學分析師都認為，在這個世代裡，除了戰爭之外，沒有任何供需原因會將石油價格推升到每桶三十美元以上，」加羅一度如此宣稱。他投注了許多時間走訪亞特蘭大的辦公園區和休士頓的購物商場，尋找像樣的貝果與卡布奇諾咖啡，或是其他任何靈魂或文化的徵象；加羅一度坦承：「不論我多努力想保持公平，但在走遍全美的過程中，我不只一次陷入深深的絕望，發現我所見的這些邊緣城市永遠不可能發展出美麗或令人振奮的環境。」接著，他告訴自己該深吸一口氣：邊緣城市是一種全新的產物，文化會慢慢隨後出現；威尼斯的發展不也花了五百年？

當然，在不到一個世代的時間內，一桶石油的價格已飆漲為原本的四倍，而邊緣城市不但沒有發展出恆久文化的跡象，更已陷入衰頹，反倒是市中心出現了大規模的復興。加羅將邊緣城市描寫為純粹是白手起家的企業家在自由市場裡勤奮努力的結果，又未提及他所記述的許多大企業家經營的都是國防相關企業，因此也就遮蔽了這些邊緣城市得到聯邦政府大量資助的事實。

加羅概括描繪了那些居住在亞特蘭大外圍的富裕非裔美國人家庭，熱切宣稱新型的邊緣城市已克服其當初源於種族歧視的起源。加羅沒有認知到的，是這些市郊飛地仍然持續按階級自我隔離。史學家發現加州當前的預算危機可追溯到一九七八年的《第十三號提案》（*Proposition 13*）。這項提案在早期的最大支持正來自聖費爾南多谷的市郊地區。這項「公民創制法案」把房地稅大砍三分之二，引起一場遍及全國的抗稅運動，進而為雷根經濟政策與茶黨的來臨鋪出一條路。一個世代的富裕市郊居民背棄了城市，基本上等於是宣告他們對自己同胞的福祉無須負起責任。這種自我隔離導致的最終結果，就是五千四百萬名美國人都住在共有權益的房地產裡，完全由民間團體遂行「治理」。居民必須支付私有道路、下水道與垃圾清運的費用，以至於他們不肯再為能裨益社區的服務繳納稅金。在亞利桑那州，富人可以靠鄉村俱樂部的會員資格以及就讀私立學校來減稅，導致州政府因為稅收短缺而被迫解雇一萬五千名員工。在這種情況下，也就難怪會像城市規劃專家富爾頓指出的，「在這些對外界封閉如繭的市郊裡，居民也紛紛變成一群自我封閉的人，將公眾福祉定義為只對自己小繭內的成員有益的事物」。

聯邦政府為什麼支持市郊化發展，而放任市中心衰頹沒落？最初是基於軍事上的考量。一九四八年，《原子科學家公報》（*Bulletin of the Atomic Scientists*）刊登了〈以分散城市做為防衛措施〉一文，提出為了降低核子戰爭的損害而分散人口的論點。（萊特經常聲稱他的廣畝城市能讓美國在遭遇敵人攻擊之後存活下來。）艾森豪總統在簽署了《聯邦高速公路法案》（Federal Highways Act）之後，曾指稱興建一套高速公路路網將可讓美國在遭遇核武攻擊的情況下迅速疏散人口。人類直到一九五四年比基尼環礁進行氫彈試爆，導致太平洋諸島籠罩在一片致命的輻射落塵之下時才明瞭，不論是多偏遠的社區，都逃不過被風吹散各處的放射性塵埃。

不過，到了那時，市郊化發展已勢不可擋。美國總統詹森的「大社會計畫」雖然企圖靠擴大支出對抗都市貧窮，一九六〇年代晚期的暴動現象卻加速了人口逃往市郊的趨勢。由於保守派獲得的支持有愈來愈多來自佛羅里達、德州、亞利桑那與內華達等市郊化的低稅率州，共和黨於是理解了推行有益市郊發展的政策對他們自己有利。雷根因此成為首位市郊總統，削減城市與大眾運輸的預算，明確偏好將資源投注於快速道路以及美國南部的蔓延型都市。小布希在第一任總統任期內宣布：「我們要讓全國每個人都擁有自己的房子。」結果，房利美與房地美在他執政下大幅降低房貸審核標準。在信用寬鬆的情形下，住宅自有率攀升至史上最高點，在二〇〇四年達到百分之六十九。（到了二〇一二年，這個數字預計將跌落至百分之六十二，是一九六〇年以來的最低點。）

就目前看來，美國市郊四．〇版將會是最黯淡無光的一個版本。在過去富裕的市郊住宅區裡，老年人口、外來移民以及少數族群如今已然成為主要居民。內華達與佛羅里達是市郊化程度最高的兩個州，其暴力犯罪率如今在全國名列前茅；亞利桑那州則是犯罪率高居全國第一。雖然花了一段時間，但市中心住宅區——至少是一般人對於市中心住宅區的陳腐印象——還是外移到了市郊。嬰兒潮世代對住宅懷有的夢想——包括房價只漲不跌，以及能不斷以小屋換大屋，搬往更高檔的區域——就此破滅。隨著購物中心逐漸被當鋪與刺青店占領、沃爾瑪收購了全世界最多的閒置大樓、幫派在遭人遺棄的無尾巷裡盤據空屋尋歡作樂，「市郊貧民窟」因此成為美國住宅區的常見特色。

「我認為市郊已成了失敗者的選擇，」肯尼斯．傑克遜告訴我。在來到鳳凰城之前，我在曼哈頓中城的一家咖啡廳裡和這位研究美國市郊發展史的著名史學家會面。傑克遜身穿粗花呢西裝外套，沙啞的嗓音仍帶有田納西人特有的腔調。他談起市郊的未來非常直率，措辭也頗為優雅。

「你要是志向遠大、容忍度高又充滿活力，而且想和頂尖人物一起競爭，那麼城市在各面向都提供了許多機會。我們現在看到的狀況是，許多能搬到市郊的人口都選擇待在城市裡。以前的人爭相要從布隆克斯區或芝加哥出走，搬往市郊，現在則是只有負擔不起的人才會搬出市區。」

傑克遜雖以批評市郊化發展著稱，卻也承認擁有一棟獨立式住宅的渴望確實具有深切的文化根源。不過，這種渴望並不像一般人認為的那麼普遍，而且他也不相信市郊是養育子女的最佳環境。他說：「人類是群居動物。我認為有史以來最大的謊言就是聲稱兒童喜歡也需要大庭院。小孩子喜歡的是其他小孩子。他們要是能有寬廣的空間，當然沒什麼不好，但他們最想要的是和其他孩子相處。我認為我們把孩子遷移到市郊是為了控制他們，而不是因應孩子想要的東西。孩子在城市裡可能會看到別人在大庭廣眾下公然小便，但孩子在市郊面臨的風險卻更大，許多兒童都不免死在車裡。」

傑克遜堅信土地使用分區是促成都市蔓延的重要因素。「我們在初期就決定學校得在這裡，購物中心在那裡，辦公園區在這裡，住宅則在那裡。這麼一來，就注定不論你想去哪裡，都得仰賴汽車引擎。不過，現在已有愈來愈多人認為密集的環境比低密度的環境更具永續性。在我成長期間，洛杉磯原本看起來像是未來的城市。現在，我認為沒有良好的大眾運輸——尤其是地鐵——就不能算是世界都市。即便是像洛杉磯這樣的城市，也開始意識到這一點。」

傑克遜的研究揭露了市郊化發展的創造神話——也就是聲稱市郊化發展純粹是自由市場為因應千百萬為追求綠地、逃離城市的先驅民眾的需求所產生的結果——其實是一種圖謀利己的謊言。他在《馬塘草邊疆》裡簡潔地指出：「美國住宅區的分散化有兩項必要條件以及兩項基本肇因——就是種族歧視與廉價住宅。」市郊住宅純粹是靠大政府的大幅支持，才得以維持價格低廉。市郊的發展打從一開始就是以都市的沒落為代價。

當然，最浪費公帑的，正是市郊居民最習以為常、而且一旦沒了，市郊就不免萎縮死亡的建設——那就是聯邦政府資助興建的高速公路系統。高速公路不但大量瓜分掉鐵路與大眾運輸的經費，更是世界史上私人房地產所得到金額最龐大的政府補助。

不過，這是另一章的故事了。

## 萊特的錯誤

就建築而言，萊特是一位大師；就為人而言，他卻是個侏儒。他自戀又高傲，因為習慣虧待員工而惡名昭彰，對自己同胞缺乏同情的程度更是近乎反社會的地步。得知這位廣畝城市的規劃者也熱愛快車，我並不意外。

一九〇八年，萊特買了一輛四汽缸的斯托達德戴頓（Stoddard Dayton）汽車，時速可達六十英里。他的鄰居稱之為「黃色惡魔」，萊特也以速限兩倍的速度駕車奔馳於橡樹園的平靜街道上而著名。他後來又買了一輛科德L-29旅行車（Cord L-29 Phaeton），那是當時速度最快的車輛。在許多家庭連肚子都填不飽的經濟大蕭條期間，這名長髮建築師卻經常開著這輛高價轎車，馳騁在威斯康辛州鄉間。

一九三三年某天夜裡，這位建築師超速駕車趕赴麥迪遜外圍的一場演講，結果與一輛花店的貨車發生擦撞，導致貨車翻滾了四圈。萊特和他太太沒有受傷，但貨車司機卻因為割傷與背部受傷而必須立刻送醫治療。萊特沒有保險，後來也拒絕支付貨車司機的醫藥費。八年後，萊特與一輛卡車對撞之後倖存，事後對一名朋友埋怨道：「現在的公路已經太商業化了，不再適合開高級車的紳士。」

如同他那個世代的許多成員，萊特也深受汽車的迷人風采所吸引，因為這項科技讓他得以鶴立雞群，並讓自己和平民大眾區隔開來。廣畝城市若是真的實現，必然會促使汽車——更遑論私人直升機——成為新文明的基石。儘管萊特對都市型態的影響遠不如摩希斯那麼大，但他的聲望卻為汽車城市的倡議者提供了重要的支持力。

研究萊特的學者通常把廣畝城市視為難堪的主張，不然就是刻意貶低其重要性，稱之僅是萊特業餘閒暇的嗜好。不過，就我所知，萊特看待廣畝城市的態度相當認真。我造訪了亞利桑納州立大學的建築系，那裡有一座廣畝城市模型的全尺寸仿造品，就掛在一群埋首於電腦螢幕的學生面前的牆上：那是一件非常紮實的作品，是個邊長十二英尺的正方形，表面上了土色的亮光漆。我在西塔里埃森的檔案室裡，花了一上午的時間瀏覽一份份的檔案，裡面滿是萊特為廣畝城市所做的各項規劃，包括地下高速公路交流道乃至路燈的詳細形狀。他在二十年間致力為這項設計追求完美，結果其中不僅展現出他性格深處的特色，也顯露出長久以來美國都市計畫師與政治人物對於分散式城市的熱愛。萊特自命為傑佛遜式的民主主義者，也與這位第三任美國總統一樣，對於空間修補懷有一股天真的信仰，認為只要將人口重新分布於美好的田園環境裡，即可化解所有社會問題——彷彿所有最棘手的種族與階級問題，都能在鄉下的新鮮空氣與農村的自給自足中解決。

分散式發展的捍衛者陷入了一種謬誤的想法，認為個人偏好的生活方式——不論是洛杉磯的市郊住宅區，還是座落在一英畝土地上的美國風住宅——才是美好生活唯一合理的樣板。這種錯誤不難理解，我自己可能也多少懷有這種想法。居住選擇對人而言確實利益攸關。畢竟，買屋其實是一大冒險，不僅是對房地產的投資，更是對社區的投資。我和愈多人談過，愈是發現每個人挑選的居住地點其實深切反映出他們對於都市、小鎮與市郊的優缺點所抱持的態度。（肯尼斯・傑克遜有兩個住處，一處是曼哈頓的公寓，另一處是一棟位在有通勤列車服務的威徹斯特〔Westchester〕的獨棟房屋。在我看來，他的態度特別複雜。他把《馬塘草邊疆》題獻給他十六歲的兒子——他的兒子在這本書即將完成之際死於一場車禍。）一個人在不同的人生階段，例如尋求另一半、養家活口，以及年老之際，可能會想住在小鎮、農場、市郊、都市等不同地方。我在成年之後一直住在城市裡，不論順境逆境都在城市內度過，因此我對都市居住的未來有信心，但我也知道不是所有人都適合住在城市裡。

問題是，美國這個大陸上的政府政策導致獨棟單戶住宅過度興建，進而剝奪了其他各種環境出現的機會。儘管如此，想住在市郊住宅裡的人卻只有一定比例。嬰兒潮世代已經過了生養子女的年紀，而三字頭年齡的人口——亦即傳統上最有可能買屋的族群——在當前所占的比例又是歷史新低。

住在市郊的必然結果是徹底依賴汽車。儘管我們為自己興建的市郊需要汽車才能運作，但都市蔓延與汽車其實還有另一項更細微的共生關係。在洛杉磯與鳳凰城開車，恐怕是我過去十年來連續駕車時間最久的經驗，如此的體驗也讓我對自己不擁有車輛心懷感激。只要開車上路就不免會和所有其他車輛相互爭逐，於是開車就會把旅行變成一種競爭。經過兩個星期，我一心只想找個藉口擺脫車輛，到公園裡走走、偷聽一下別人的對話，或是單純享受一下腳踩人行道的感覺。

你每次選擇開車，就等於選擇脫離公共場域，也從而對公共場域造成些微的削減。這就是市郊與高速公路真正的問題所在。為了得到實際上不過是移動能力增加的虛假自由，數以百萬的人就此背棄了禮儀——不只是禮貌，而是揚棄了整個文明建構的過程，因為城市在此過程中扮演了關鍵角色。無尾巷與房貸斷頭也許是都市蔓延的終點，但你每次關上車門，把世界隔離在外，也就等於是再次召喚了都市蔓延的發展。

這就是為什麼美國絕對不該採納萊特所提的未來城市願景。萊特不僅酷愛拉風的汽車，也以自許為貴族的姿態鄙視平民大眾，因此將敦親睦鄰與人際之間的互賴排除在他對美好生活的願景之外。可悲的是，廣畝城市，或者該說是某種與廣畝城市相當近似的東西，終究還是實現了。

## 密集度是否注定了城市的命運？

這麼說來，我們究竟該如何看待鳳凰城呢？

這座城市最近對於都市化做出最後一搏，以十四億美元的資金為自己購入一套最先進的大眾運輸系統。自從二〇〇八年以來，「都會鐵路」即採用全新的日本製輕軌列車，在梅薩到駝峰路之間這段二十英里的軌道上行駛。我花了一天的時間，搭乘這種平穩舒適的空調列車。列車內部纖塵不染，但乘客卻少得令人側目。這種列車的設計乘載量為一百七十人，但除了在亞利桑那州立大學站上車的一群大學生外，我在這些列車上極少看到超過十幾人的乘客。也難怪，鳳凰城的輕軌路線穿越華盛頓大道沿線無窮盡的低矮建築，行經市中心滿是空屋的公寓大樓，再掠過北中央大道（North Central Avenue）路旁延續數里的停車場，其實根本到不了什麼地方。這條輕軌在營運兩年後的每日搭乘人次極少超過四萬人次，在該區域的所有路程當中只占了極小部分。在經濟衰退的情況下，鳳凰城竟然維持住這套系統的營運，實在令人訝異，同時也顯示出這裡的居民有多麼渴望擺脫都市蔓延的發展。然而，在我看來，這座特大號的邊緣城市既然連辦公室與工廠也和住宅區一樣分散各地，單獨一條輕軌路線必將注定淪為代價高昂的失敗。

然而，有些運輸理論家卻比較樂觀。在《市郊運輸》（*Transport for Suburbia*）裡，澳洲墨爾本的運輸規劃師米斯（Paul Mees）指出，規劃完善的大眾運輸能比得上汽車與高速公路四通八達的彈性，即便在以都市蔓延為主的地區也是一樣。他寫道：「人口密度不是大眾運輸替代汽車的主要障礙，而是不作為的藉口。」米斯認為，我們若是徒然等待城市提高人口密度，得等上很長一段時間。鳳凰城的人口顯然永遠不可能像巴黎一樣密集，但米斯認為先進的規劃可讓大眾運輸在邊緣城市與城市遠郊同樣發揮效果。「補建大眾運輸並不容易，」他坦承道：「但比起重建整座城市，將密度提高到目前的數倍以上，卻是簡單得多。」米斯曾針對幾座城市進行個案研究，但其中無一位於美國。他認為多倫多具有北美洲最佳的市郊大眾運輸：當地的市郊蔓延現象並不亞於其他北美城市，地鐵系統也仍僅處於初步發展階段，但卻能靠著明智的車班安排造就班次極為頻繁的接駁公車，將大眾運輸的觸角深延至市郊。不過，米斯心目中的大眾運輸模範是蘇黎世，乍看之下，這個模式應用在北美洲的空間似乎相當有限。不過，如同米斯指出，蘇黎世除市中心之外，周遭的鄉下地區人口密度比大多數的美國市郊還低。然而，當地只要是三百人以上的聚落，就擁有基本的大眾運輸服務，而且蘇黎世的公車甚至在國家公園也設有站牌——正如米斯說的，國家公園內的人口密度可是零呢。頻繁的車班、涵蓋範圍完整的路線規劃以及絕佳的班次安排，確保了公車、電車與火車都能密切配合，讓乘客轉車絲毫不覺痛苦。如此一來，蘇黎世地區的公車與電車一年載運的乘客數可多達難以置信的五億人次——比波士頓所有大眾運輸的乘客總數還多，儘管波士頓都會區的人口甚至是蘇黎世的十倍。

在米斯看來，大眾運輸的班次頻繁與服務可靠度比炫目的科技更加重要。他指出，蘇黎世使用的是一九五〇年代的電車，卻可造就如此可觀的乘客數。他說：「要讓民眾不開車，挑戰在於必須為他們提供一套完整的運輸方案，其中包含各種不同選項，而且不要對他們使用其中哪一種運輸工具做出太多解讀。」

成功關鍵在於促成米斯所謂的「網絡效應」。大眾運輸機構必須將不同運輸路線結合起來，構成一套多重運輸型態的單一網絡，讓不同路線之間的轉乘能銜接順暢。由於旅程的起點與終點愈來愈分散，因此大眾運輸必須提供市郊與市郊之間的連結，而不只是連結市郊與市中心而已。要促成網絡效應，並且讓大眾運輸真正足以模擬汽車的彈性，班次就必須頻繁，即便有些車班載不到乘客也在所不惜。

米斯也駁斥了運輸規劃當中一種常見說法：亦即居民密度必須達到一定程度的最低限度，設置大眾運輸才有正當性。一九五〇年代期間，深具影響力的研究將大眾運輸的經濟門檻設定在每平方英里兩萬五千人，或是每英畝四十人。米斯指稱許多人都不加思索就隨便引用此數據，通常是以此為由，廢除乘客人數較少的大眾運輸路線。然而，將門檻設得這麼高，卻是忽略了網絡效應的主要效益：載客人數繁多的主要路線可補貼乘客稀少的公車路線，讓人口密度最低的市郊地區也得以享有大眾運輸。

對於大眾運輸在鳳凰城這類地方取代汽車的潛力，我不像米斯那麼樂觀。我認為重點不在人口密度，而是邊緣城市與蔓延型大都會的物理環境現實。大部分的市郊對於大眾運輸都不免有排斥效果：在典型的戰後美國市郊住宅區那種彎彎曲曲的街道上，公車實在很難達成有效率的營運；在柵欄社區當中，公車更是幾乎不可能運作。

就目前而言，公車與輕軌運輸也沒有延伸進入美國市郊住宅區的跡象。在鳳凰城中，只有極少數居民能在步行距離內抵達輕軌車站，而且這座城市也沒有路線廣泛的接駁公車能擴大電車的服務範圍。即便是最舒適的現代大眾運輸，恐怕也不足以拯救一座完全依照汽車的需求而建立的城市。不過，我們總能保有希望，而且我也欣賞米斯那種樂觀積極的態度。

米斯說：「美國目前有一場爭論，爭論的內容不但是假議題，對這社會也一點好處都沒有。這場爭論的一方認定自己是社會中堅，另一方則是勢利又以菁英自居。不論你有多討厭市郊，總不能期望百分之八十的都會區域就這麼消失。我不奢望改變人性。我不期待大眾會出於道德考量而少開車，我願意接受眾人之所以少開車，只是因為我們營造出少開車反倒比較方便的環境。」

我打電話到米斯位在澳洲的家中訪問他。澳洲近來的一大新聞是雪梨與墨爾本市中心區的大幅復興，其居民人數在不到十年內已然倍增。米斯住在費茲洛依（Fitzroy），那是墨爾本一座老舊的電車鄰里，至今仍有電車服務。

他笑著坦承：「我就像墨爾本大部分在市郊成長的中產階級居民一樣，後來也逃出市郊，現在住在市中心區的昂貴地段，到哪裡都能靠走路抵達。」

## 溪谷熱

我在鳳凰城很快就放棄了搭乘大眾運輸。你若想真正瞭解這座城市，就得開車。這座城市過度興建高速公路的情形非常引人矚目，高大的擋土牆上頗為幽默地裝飾著壁虎、走鵑與郊狼的浮雕。（我猜想，這些圖樣指涉的是亞利桑那州公路上常見的各種遭到輾斃的動物。）只有在你開下高速公路之後，才看得到次級房貸風暴如何像龍捲風掃過車屋停放處地摧殘這座城市。「三個月免租金」——無數的低矮公寓樓房都掛著這樣的牌子。「Metrocenter」曾是亞利桑那州最大的購物中心，如今已淪為犯罪活動猖獗的空殼，裡面滿是空蕩蕩的店面，而且因為饒舌歌手DMX在此被捕而出名；近來，當地人將此處稱為「貧民窟中心」。不過，情況最糟的地區是市郊外圍住宅區，也就是房地產專家所謂的「死亡環帶」。巴克艾、托勒森與瑟普萊斯等住宅區似乎完全空無一人。租售招牌上的註記令人怵目驚心：「銀行回收屋」、「短售」、「屋主房貸斷頭，降價求售」。

位於鳳凰城市中心東南方三十英里的皇后溪，是個典型的例子。這裡是勞工階級市郊，房屋占地面積不大，一英畝的土地上就塞進了八棟房子；此處雖然看不到警衛室，卻沿用了高檔的柵欄社區的特色：自我隔離於城市的其他地方。每塊建地周圍都矗立著一道七英尺高的圍牆，而且通常只有一個入口和一個出口。一旦離開主要大道，就會進入一片令人眼花撩亂的迷宮，滿是巷道與車道，各自都以山峰與溪流命名；這裡感覺猶如中世紀西班牙的山頂小鎮，其中的居民都緊密聚居在一起以防摩爾人入侵。皇后溪在三年前還是一片長有灌木叢的沙漠地，如今卻蓋滿褐色屋頂的平房，面對街道的不是門廊，而是毫無特色的車庫。這裡沒有樹木，只有灌木與仙人掌，也沒有草坪，只有一片片鋪滿褐色碎石的長方形庭院。除了偶爾可見的保安巡邏車之外，我在路上沒見到任何人車；儘管當天是垃圾收運日，卻只有少數幾間住家將米黃色塑膠垃圾桶擺在門前的人行道上。在空無一人的遊樂場中，禿鷹棲息在鞦韆上。過了一會兒，我不禁開始想像木焦油灌木後方也許會有殭屍潛伏。

駕車四處行駛半小時之後，我終於看到了一個人，是個女子，名叫潘美・鮑德拉斯，身穿黑色田徑服，腳蹬慢跑鞋，倚身靠著一輛破舊福特小型車的引擎蓋，對著手機輸入簡訊。她停車處的那棟房屋前插著一面求售招牌，上有「銀行回收屋」的字樣。我問她知不知道這棟房子開價多少。

「以前好像是十六萬美元左右吧，」她說：「可是現在沒有人在這裡買房子了。大家都用租的。我和我兒子一起住，他一個月的房租是七百美元。」她指向對街，一個年近三十的青年打著赤膊，正將一張沙發搬上停在車道上的卡車。

「我來幫他搬家。我們被趕出來了，」她說：「房東只提前兩天告訴我們，可是這裡空屋很多，要找個新家並不難。我們在五棟房子裡挑上了其中一棟，就在過去幾條街那裡而已。」

鮑德拉斯提到自己在十五年前從芝加哥來到鳳凰城。由於經濟衰退，她和先生於是到德州謀出路，結果她在一家咖啡廳裡找到工作。不過，他們在不久前分居，因此她回到鳳凰城幫她失業的兒子照顧三個小孩。她在這條路上的雜貨店找到一份全職工作，於是利用自己的薪水幫忙支付一部分房租。她說光是油錢就吃掉她薪水一大部分：皇后溪距離鳳凰城市中心要一個小時的車程。

「我很喜歡這裡的氣候，」她說：「我討厭伊利諾州的冬天，可是這裡謀生很不容易。

而且，住在皇后溪感覺有點孤單，這裡什麼東西都分散得很遠。」

我在鳳凰城聽到許多人的故事，鮑德拉斯女士的經歷是相當典型的例子。由於經濟衰退，許多人都開始和親人同住，拋棄房貸，不再擁有房產，改為租屋。然而，當初克特金卻聲稱這座城市將會因其「低密度的生活型態、明亮的陽光與缺少社會束縛」，而成為新式美國城市的原型。我個人是絕對連一毛錢都不會押賭在鳳凰城的未來上。鳳凰城在十萬戶住宅以及四分之一的商業房地產都處於空置狀態下，大有可能將成為美國西部的下一座鬼城。我雖然不是未來學家，但我敢打賭，再過幾年，世人一旦看到鳳凰城以及其他蔓延型都市的空照圖，會認為那許許多多的停車場、路邊商圈與高架道路是廉價石化燃料上癮症的病徵，並且納悶為何有那麼多人會在這麼長的時間裡一直如此短視近利。

肯尼斯．傑克遜在三十年前就認知到這點。「美國不但是世界上第一個市郊國家，也會是最後一個，」他在《馬塘草邊疆》裡寫道：「到了二〇二五年，美國那套浪費能源而且仰賴汽車的市郊體系，必定要由高能源效率的人類活動及居住建築取代。美國人口的大規模分散，是一組特殊條件造成的結果，不可能複製到他處。」

二〇〇八年，一個中國代表團來到美國實地研究市郊住宅區，走訪了戴爾韋伯營造公司（Del Webb）在鳳凰城市郊巴克艾的開發案。當地的媒體完全沒有報導那些中國官員的反應，但我希望他們對那裡的印象不會太好。亞洲、非洲與拉丁美洲那些開發中國家的巨大城市中，只要有一小部分的人口打算追求獨棟單戶住宅與每戶一車的市郊夢想，人類的麻煩就大了。地球上絕對沒有空間容納更多的鳳凰城。

1 譯注：鱈角式房屋（Cape Cod cottage）是源自十七世紀新英格蘭的一種房屋型態，通常為一層樓半高，具有尖屋頂，中央矗立著一根煙囪。